LA NÉCESSITÉ

DU

DIVORCE.

par Caill.

Se trouve chez tous les Libraires du Palais-Royal.

———————

De l'Imprimerie de BOULARD, Imprimeur-Libraire de la Commune de Saint-Roch, rue neuve Saint-Roch, n° 51.

1790.

LA NÉCESSITÉ

DU

DIVORCE.

Lettre à M. Marmontel, sur un article inséré dans un Mercure de Février 1790, où font traités succinctement l'Indissolubilité, la Séparation, le Divorce, la Religion relativement l'état des Enfans, l'Ordre des Successions & les caufes du Divorce.

Oüi, Messieurs, je soutiens que c'est un attentat à la liberté de l'homme que de lui dire, je te défends de vivre avec la femme que tu as époufée, & je te défends d'en époufer une autre.

Motion de M. GOSSIN, page 3.

VOUS nous menacés, dit-on, Monsieur, d'un ouvrage contre le Divorce. Il ne peut trouver un adverfaire plus redoutable que vous. Vous êtes trop bon logicien pour nuire à votre thèfe, par la manière de la foutenir, comme a fait M. l'Abbé de Bar.... qni a plus fervi que

A

combattu le Divorce, dans fes fougueufes lettres fur cette matière.

Il injurie ; il menace , il damne l'eftimable auteur du livre intitulé du Divorce (1).

Tu tonnes , Jupiter , donc tu as tort ?

Cet ouvrage eft trop démonftratif, trop philofophique enfin, pour n'être pas impie aux yeux du fanatifme rugiffant de rage contre le retour d'une loi fi contraire à fes intérêts.

M. l'Abbé infulte , menace, & damne l'Affemblée Nationale elle-même.

Ofera-t-elle braver les foudres de cet ange exterminateur !

C'eft ce qu'on efpère.

La France aura-t-elle , comme il le prédit, *le fort de toutes les nations , où la foi & la loi fe combattent* ; c'eft-à-dire , le fang coulera-t-il encore fous les poignards du fanatifme , au gré des Prêtres ?

Que Dieu nous préferve de l'effet de cette menace.

La France fe fouillera-t-elle de l'opprobre d'avoir fait des martyrs !

C'eft ce qui n'arrivera pas, grace à cette philofophie mille fois maudite.

C'eft avec cette arrogante colère, qu'a toujours dogmatifé l'intolérance facerdotale, in-

---

(1) Cet ouvrage profond , fage & touchant a obtenu tous les genres de fuccès. Deux éditions épuifées en trois mois, les éloges de tous les Journaliftes , les applaudiffemens des gens de bien , & mieux que cela, l'anathême des Abbés. Il fe trouve chez D ſenne , au Palais Royal.

faillible aux yeux de la sottise; infaillible réel=
lement par les chaines, les bourreaux, les
massacreurs dont elle s'environnoit. C'est cette
infaillibilité qui anathtématisa le système de la
rotation de la terre, & fit gémir dans un ca-
chot l'immortel Galilée, pour prix de la plus
sublime découverte. C'est cette infaillibilité qui
n'a pas su croire aux Antipodes, & a cru aux
sorciers, pour les brûler chrétiennement. Qui
a accrédité les miracles les plus impertinens ;
c'est elle qui a guéri les écrouelles par la vertu
qu'elle a donnée à l'attouchement de nos Rois,
la peste par Saint Roch, la rage par Saint
Hubert, &c. &c. & qui, en revanche, a pros-
crit l'émétique, l'inoculation, la philosophie &
la raison, contre laquelle viennent enfin se briser ses argumens & ses chaines.

Les Prêtres sont encore trop accoutumés à ce
ton dur & despotique, pour en changer, même
dans les circonstances présentes.

Contenus par la force publique, ils n'osent,
dans ce moment, tonner, comme autrefois,
dans leurs chaires contre la raison & la loi; ils
n'osent plus y prêcher des croisades sangui-
naires (1). Mais que n'osent-ils pas dans l'om-
bre du confessional! C'est dans cet antre mys-
térieux que se retranche le fanatisme, cet en-
nemi redoutable de la constitution. C'est là
qu'il souffle l'esprit d'insurrection & de guerre
civile. C'est là qu'il tâche d'annuler les décrets
de l'Assemblée Nationale; c'est de là qu'il re-

____

(1) Voyez les malheurs du Braban, quelles horreurs y cause le
fanatisme ! que de sang répandu pour les Prêtres.

tient dans les prisons religieuses, les malheu-
reuses victimes de la seduction, vainement
affranchies par la loi, & retenues dans leurs
chaînes par la crainte de l'enfer.

C'est là enfin qu'il attend la dissolution totale de la France, croyant trouver dens l'anar-
chie, & la ruine de l'état, ou le moyen de
recouvrer ses richesses usurpées, ou au moins
l'horrible consolation de ses pertes, en voyant
tout périr avec son despotisme.

Qu'il est dangereux, Monsieur, ce tribunal
de la pénitence. Combien de filles & de femmes,
y ont perdu l'innocence & la pureté. Combien
de testamens exheredateurs ! Combien de dona-
tions frauduleufes y ont été extorqués à la superstition ! Combien de crimes y ont été pref-
crits en expiation des péchés ! Je le regarde, ce
tribunal redoutable, comme un obstacle invincible à la révolution de la France. Celle
d'Angleterre auroit-elle pu s'opérer & s'ache-
ver sous l'empire terrible de la confession aux
Prêtres ? J'en doute fort.

A ce pouvoir dangereux, joignez encore le
pouvoir législatif & absolu, usurpé par les Prêtres sur le mariage, ce contrat purement civil,
& je défie toutes les forces humaines de vain-
cre l'hydre de notre église. Les portes de l'enfer, comme elle le dit, ne prévaudront pas
contre elle, & qu'y pourra donc la constitution ! Comment la France, affranchie du def-
potisme ministériel, s'affranchira-t-elle du def-
potisme sacerdotal (1).

---

(1) Quel calcul affrayant que celui des dépenses du culte, qui
en exige si peu. Une armée de 300 mille hommes, les frais d'ad-

Soumis eux-mêmes au joug matrimonial ; les Prêtres l'allégeroient ; ils rentreroient alors dans l'ordre social ; ils auroient une patrie ; ils seroient citoyens. Réduits à leurs saintes fonctions, bornés à la prière, à l'instruction, à la morale pratique, à la prédication de paroles & d'exemple, ils n'auroient plus que le ciel pour apanage ; mais ils préferent les domaines de la terre, & l'autorité temporelle. Ils voyent avec dépit briser le sceptre du despotisme, parce qu'ils étoient eux-mêmes les despotes des Rois. Ils veulent nous retenir par la chaîne de l'indissolubilité, parce que l'esclave, attaché par le milieu du corps, par le col, par les quatre membres, n'en sera pas plus libre ; si en brisant tous ses fers, il est retenu par un pied (1).

---

ministratiost dans toutes les parties, & pour toute la France, ne coutent pas à l'état la moitié de ce que coûtent les Prêtres, les Chanoines, les Moines, las ornemens, l'argenterie, les Chantres, les cloches, les temples, les palais épiscopaux, les palais abbatiaux, les palais monacaux, plus somptueux, plus magnifiques que les temples. Et après toutes ces dépenses, un malheureux journalier qui gagne vingt sols, en donne quinze pour faire dire une messe ; il paye tous les sacremens, & l'enterrement de charité coute, sans biere, plus qu'il n'a vaillant ; quel abus aussi ridicule que honteux ! Quoi vendre le plus saint, le plus auguste de nos mystères, Quel parti tire de la superstition la cafarderie aumonière & directrice des consciences ! Des Prêtres sans naissance, sans patrimoine, sans bénéfices, vivent dans l'abondance aux dépens de leurs dupes, & laissent de riches héritages.

Tolle autem lucrum, superos & sacra negabunt.

[1] Ces vérités sont adressées à Messieurs du haut clergé & aux Moines, cette engeance inutile qui, de tous tems, a désnonoré l'église, scandalisé le peuple & ruiné la religion. Il seroit injuste de confondre avec ces vampires de la France ; la classe honnête & vertueuse des Curés & des cultivateurs de la vigne du Seigneur, pour qui n'est pas la vendange ; ceux-là se distinguent par leur zèle,

Les Prêtres ont eu leurs raisons pour nous ôter le divorce. Ils en ont aujourd'hui de plus intéressées que jamais de s'opposer à son rétablissement.

Mais le philosophe, mais l'homme de lettres, distingué comme vous, Monsieur ; mais l'ami de l'humanité, doit le desirer, le demander & tout faire pour l'obténir.

Il est évident que le Divorce ne peut être coactif, qu'il ne peut causer de malheurs, mais en réparer beaucoup.

Depuis deux cents ans, il est reclamé par le peuple françois, dont les Montaigue, les Charon, les Montesquiou, les Voltaire, les Rousseau, &c. &c. &c. ont été successivement les défenseurs & les interprêtes, malgré la contrainte du despotisme.

Notre heureuse révolution ne peut manquer d'être l'époque du succès de ces continuelles réclamations ; elles sont renouvellées aujourd'hui par une foule d'écrivains, & soutenues par tous les journalistes. Tous les écrits sur la constitution, les plus étrangers même à cette question, en démontrant l'importence & la nécessité. Depuis long-tems l'opinion générale prévaut & nous assure le Divorce comme une conséquence nécessaire du principe fondamental de notre constitution. Des milliers d'époux malheureux suspendent les coups du désespoir, dans l'attente de cette loi si desirée.

---

leur modestie, leur charité & leur patriotisme ; ils font tout, méritent tout, & n'ont rien. Sic vos non vobis. On les appelle le bas clergé, & comme ils ne sont pas gentilshommes, beaucoup de Messeigneurs les Evêques ne les admettent pas à leurs tables.

La liberté de l'homme, ce premier de ſes droits, eſt inaliénable & inceſſible. La nature eſt la baſe & le garant de cette vérité. Notre mariage indiſſoluble eſt un eſclavage ; il eſt contre la juſtice, la raiſon & l'intention de la nature & de Dieu. C'eſt un joug impoſé par le deſpotiſme ultramontain, depuis ſix ſiècles ; il doit être briſé dans ce tems de lumière & de régénération.

La liberté ne doit pas tourner en licence, les bonnes loix en préviennent les abus ; ces loix préviendront ceux dn Divorce. Il ſeroit peut-être dangereux ſous le pouvoir arbitraire, il ſera ſalutaire ſous l'empire ſévère de la loi.

Que le préjugé ſtupide & aveugle crie au ſcandale, bientôt il reviendra de ſa prévention ; il approuvera le Divorce comme il approuve aujourd'hui des réformes bien plus difficiles, bien plus contraires aux intérêts privés, & il les blâmoit naguère.

Que le fanatiſme crie au blaſphéme, qu'il torde des argumens, qu'il s'agite, qu'il maudiſſe, qu'il damne ; ce monſtre eſt abatu, qu'il lance, en expirant, ſon dernier venin contre de ſages décrets.

L'INDISSOLUBILITÉ.

Mais vous, Monſieur, devenir l'apôtre de l'indiſſolubilité, ce fléau du mariage, cette cauſe de ſa dégradation, cette reſſource abominable du libertinage des célibataires, cette ſource du malheur de tant d'époux, de tant de crimes, de tant de ſupplices ; cette ſource d'où découlent la dépravation de nos mœurs, le scandale le plus odieux, la prostitution la plus effrenée! Vous, l'apôtre de l'indissolubilité; vous, le champion du fanatisme ambitieux & tyrannique; vous, l'obstacle au soulagement de tant de malheureux! C'est ce qu'on ne conçoit pas.

Vous goûtez, Monsieur, dans le calme & la paix, les douceurs d'un himen bien assorti. Une épouse honnête, tendre & aimable est le prix de vos vertus, comme vous êtes le prix des siennes. Vous coulez ensemble des jours purs & sereins.

Vous êtes, à l'égard des époux malheureux, ce qu'est le riche à l'égard du pauvre. Comment croire à la faim de l'indigent, quand on a une table couverte de mêts délicats. Le Divorce ne fera pas cesser cette union qui vous rend heureux, il la resserrera. Etre lié n'est pas être uni.

Mais si, au lieu de cette épouse digne de votre tendresse, vous aviez pour compagne une furie ou une Messaline; si votre maison étoit devenue, par elle, le théâtre de la guerre ou du scandale; si vous ne voyez dans vos enfans que des étrangers spoliateurs, ne maudiriez-vous pat un nœud indissoluble, qui vous garoteroit avec un monstre? Croiriez-vous qu'il fut juste que vous fussiez condamné à un tourment éternel, croiriez-vous que la religion & les mœurs gagnassent à votre malheur. Et quel bien en pourroit-il résulter pour la société; Comment votre prochain seroit-il édifié? Comment Dieu seroit-il plus grand, plus glorifié parce que vous feriez tourmenté dans l'enfer des enfers, (comme dit le bon Lafontaine).

Vous êtes père, Monfieur, peut-être avez vous une fille à marier. Ah tremblez pour elle, tremblez pour vous-même. Etes-vous bien fûr de n'avoir pas befoin à l'avenir d'une loi bien-faifante que vous combattez. Si vous étiez vain-queur dans cette controverfe, que votre triom-phe vous coûteroit peut-être un jour de remords, de foupirs & de larmes. Vous connoiffez nos loix matrimoniales; elles font déteftables. Dic-tées par le defpotifme, en même-tems que celles de la féodalité, dans des fiècles de barbarie, elles ne font que coactives. Si le mariage mal afforti eft un joug infupportable; c'eft fur-tout pour la femme, fur qui il pèfe le plus. Elle eft chez nous, fans modification, efclave du mari. Celui-ci eft propriétaire, maître, feigneur & defpote de la perfonne de fa femme & de fes biens. Il a fur elle le droit de vie & de mort dans le cas de l'adultère. Et cette mort civile, cet enterrement d'une femme vivante dans un cloître horrible & honteux, ce fupplice plus cruel que celui du Malabar, eft la peine d'une foibleffe fouvent unique, fouvent fuppofée par la calomnie, étayée de deux faux témoins. Pour l'adultère du mari, il ne lui eft pas même reprochable.

Les hommes honnêtes comme vous, Mon-fieur, rougiroient d'ufer de ces droits tyran-niques; ils reconnoiffent l'abfurde férocité de la loi, & leurs femmes font leurs égales, leurs compagnes, leurs amies, alors le mariage eft indiffoluble.

Mais ce joueur déterminé, mais ce libertin féroce & prodigue, qui dissipe, avec des courtisannes, la dot de sa femme, qui la ruine, la maltraite & la laisse dans la misère & le mépris.

Mais cet avare odieux qui lui refuse le nécessaire, qui n'a que le reproche à la bouche, qui fait d'une maison riche ou aisée l'asyle de la faim & de l'indigence.

Mais ce jaloux farouche, qui fait de la sienne une bastille, qui soupçonne & tourmente sa femme, qui la prive de l'air & du jour.

Ces hommes détestables & détestés, ces lâches, forts contre le faible, abusent de la loi, elle n'a pas de frein pour eux, parce qu'elle est irréfragable, ils se vengent de la haine qu'ils inspirent; tout leur est permis, point de remède aux maux de la femme, point de réclamation contre la tirannie, elle s'en lasse à la fin. Un célibataire épie le moment, il en profite, il console, il venge, il corrompt cette femme malheureuse, qu'il rend coupable. Sans l'indissolubilité, elle conservoit son innocence, la loi brisoit ses fers, ou l'époux se corrigeoit.

Aurions-nous besoin du Divorce, si les unions conjugales étoient formées par l'amour, si les convenances d'âges, d'humeur, de caractère, n'étoient presque toujours sacrifiées aux convenances de fortune (1). Si une jeune fille timide, élevée dans la contrainte, sou-

____

(1) Qu'a-t-il, Qu'a-t-elle, Tout le mariage pose sur cette question.

mise à ses parens, victime de son obéissance, sans défense, sans expérience, n'étoit donnée, ou plutôt vendue, par force ou par séduction, à un homme qu'elle ne connoît pas, souvent même à un vieillard maussade & rebutant, dans un âge où la loi ne lui permet pas de disposer de sa personne ni de sa fortune, dans un âge ou son consentement, sans celui de ses parens, seroit nul, quand leur volonté, sans la sienne, la lie d'un nœud indissoluble, dans un âge où elle ne pourroit même pas prononcer des vœux religieux.

Voilà comme le pacte le plus saint est violé. Il associe la vertu au vice, le crime à l'innocence, la férocité à la douceur, la bonne foi à la fraude (1), la fraîcheur de la jeunesse à la décrépitude. Quelle disparate; quelle réunion monstrueuse; & c'est là un Sacrement, un mariage indissoluble! Dieu a-t-il écouté ce serment démenti par le cœur, dont il connoît les plus secrets mouvemens; ce vœu est-il selon la nature, selon la justice, selon la raison? est-il irréfragable? Non, il est tortionaire & nul.

Que les époux soient unis de leur gré pour eux-mêmes, & non pour leurs parens, & le mariage sera indissoluble; mais où est le défaut

____

(1) Il n'est pas de convention plus frauduleuse que celle du mariage; on croit épouser une fille opulente, elle n'a rien: son père fait banqueroute après la noce. Un homme se dit riche, montre des effets au porteur; le lendemain les créanciers viennent saisir le lit nuptial, & la religion sanctionne ces contrats abominables, dans tout autre cas, ils seroient rescisoires.

de confentement, où eft une difcordance choquante ; là eft évidemment auffi la nullité. Les
vœux religieux en ont été fouvent frappés ; ils
font abolis aujourd'hui comme indifcrets, & les
vœux forcés du mariage feroient indiffolubles !

Ainfi, Monfieur, fi le mot divorce effa-
rouche un fot préjugé, fubftituons-y celui de
nullité, mais oublions à jamais celui d'indiffolubilité.

LA SÈPARATION.

Nous avons un remède, dites-vous, c'eft la
féparation. Un remède fuppofe un mal ; donc
l'indiffolubilité eft un mal : un remède doit
guérir. Le divorce feul guérira le mal préfent,
il fera plus, il fera un préfervatif contre ce
mal à l'avenir. Votre féparation eft un palliatif
mortel, pire cent fois que le mal. En effet,
quoi de plus abfurde, de plus inutile que de
féparer fans féparer ? Quoi de plus immoral,
que l'effet de cette féparation, quoi de plus
fcandaleux, que ces procès qui déshonorent fi
fouvent nos tribunaux, quoi de plus nuifible à
la population, la bafe politique du mariage ! Quelle loi nous a ôté le divorce ? Aucune.
Quelle loi nous a donné la féparation ? Aucune,
nous vivons fous l'empire de la jurifprudence,
c'eft-à-dire, *l'arbitrium judicis.*

Que deviennent des époux féparés dans
l'effervefcence de l'âge & des paffions, expofés
aux tentations des fens ; y réfifteront-ils ? L'expérience répond à ces queftions. L'époux re-

devenu célibataire, va corrompre une femme, déshonorer un mari, introduire dans une famille honnête un héritier adultérin, diviser un ménage uni; l'épouse vit dans un commerce adultere; la plupart de nos courtifanes font des femmes ou féparées, ou fugitives, ou abandonnées de leurs maris.

Mais cette féparation fi difficile, à qui est-elle accordée; est-ce au mari? Non, dans aucun cas, la fuite feule peut le fouftraire aux pourfuites d'une Mégere appliquée à le tourmenter.

Qui profitera de cette féparation? Sera-ce cette femme timide, douce & honnête? Non. elle eft condamnée à fouffrir toujours. La religion, difent les Prêtres, la confolera, l'aidera à fupporter fes peines. Mais fi la grace, qui n'eft pas donnée à tous, eft refufée à cette malheureufe, fi fes tourmens excedent fa patience & fes forces, que deviendra-t-elle? Elle fuira, elle cherchera, dans un couvent, un afyle contre la férocité. Encore lui faut-il le confentement de fon tiran; la vengeance l'y fuivra; elle fera privée du néceffaire, & de toute confolation; elle gémira, pendant les beaux jours de fa vie, fous des grilles & des verrous. Elle eft réclufe comme les Religieufes, & elle n'eft pas Religieufe; elle eft mariée fans être mariée; elle eft féparée de fait fans l'être par la loi. Elle eft captive, prifonniere comme les criminels, & elle n'eft qu'opprimée. Elle a des parens honnêtes & vertueux, qui la confoleroient; leur maifon eft un afyle auffi fûr,

plus moral & plus décent que le eouvent (1) ,
un mari barbare l'y retient ; il veut qu'elle y
périfle. La liberté eft rendue aux victimes du
defpotifme minifiériel ; les monaftères font ou-
verts aux Religieufes elles-mêmes ; tout eft libre
en France, excepté cette femme innocente.
Elle feule gémit dans les fers. Et pourquoi ? Le
voici. Cette malheureufe femme n'a pas été
batue en préfence de témoins. Son defpote eft
auffi prudent que cruel ; il fait, comme le dit
un écrivain de nos jours (2) déchirer le cœur,
fans effleurer la peau. Elle n'a que le choix ou
d'un fupplice continuel, ou de la prifon ; elle
préfère celle-ci ; elle y mourra d'ennui & de
détreffe, pendant que fon mari difpofera de
fon bien, le diffipera avec une maîtreffe, & la
loi ue protège pas cette femme malheureufe!
Quelle barbarie, quelle horreur.

Les plus forts ont fait la loi,

A qui donc la voie de la féparation eft-elle
ouverte ? C'eft à cette femme corrompue, auda-
cieufe & adroite ; elle déshonore, elle outrage

---

[1] Ce n'eft pas fans raifon que la Fontaine & tous les conteurs
prennent les couvens pour le lieu de leurs fcènes fcandaleufes. Ils
font l'afyle de l'impureté & de la corruption. Mais ces couvens
font détruits, ils n'ont plus qu'une exiftence précaire pour con-
ferver un afyle aux Religieufes perfévérantes, Pourquoi donc les
Juges condamnent-ils à ces prifons dangereufes les femmes qui plai-
dent en réparation! Et où fe retireront ces femmes quand nous
n'aurons plus ces couvens, qui, déjà n'exiftent plus aux yeux de
la loi.

[2] M. Linguet, de la légitimité du Divorce, prouvée par l'écri-
ture fainte, les conciles & les pères de l'églife. Cet Ouvrage dé-
montre jufqu'à l'évidence que le Divorce n'eft pas contraire à la
religion.

ſon mari ; il menace ; elle appoſte des témoins, elle ſaiſit le moment , elle provoque les fureurs de la jalouſie, elle les fait éclater. Cet époux offenſé s'oublie. Dans un mouvement impétueux il lève la main , il frappe. Les témoins ont vu, le complice de la femme eſt lui-même un de ces témoins. La femme triomphe , elle eſt ſéparée, ſa dot lui eſt rendue ; une penſion lui eſt aſſignée , & elle continue à ſcandaliſer la ſociété.

Voilà, Monſieur, votre remède ; il eſt donné au crime audacieux , & refuſé à l'innocence timide. La femme honnête l'implore en vain ; ſans ~~témoins~~ multipliés & conſtatés par témoins, elle eſt renvoyée par les tribunaux, à un mari offenſé d'une juſte réclamation. La vengeance accroît ſes fureurs, elles deviennent atroces. La femme dépérit & meurt de chagrin. C'eſt encore là un remède, ou ſa tête ſe perd , ſa raiſon s'égare, (1) le déſeſpoir arme ſon bras , elle frappe, ou le ſein de ſon mari, ou le ſien propre. Le poiſon coule dans ſes veines ou dans celles de ſon époux , contre ces attentats multipliés & fréquens (2) , dont le plus grand nombre eſt dérobé à la publicité, la loi a encore un remède qu'elle appelle réparation. Ce ſont les gibets , les roues , les bûchers. Malgré tant de remèdes , l'indiſſolubilité n'en eſt pas moins un mal affreux ; & j'obſerve ici avec les Philoſo

____

(1) Les hôpitaux, des hoſpices plus honnêtes, ſont pleins de femmes folles, on y voit peu de filles : c'eſt encore là un remède.
(2) L'attentat du ſieur Beaubignan, ſur ſa belle-mère, au mois de Septembre dernier , eſt un de ces évenemens annuels, auxquels le public eſt accoutumé.

phes que les fréquentes infractions aux loix, que les fréquens supplices qui les punissent, sont la preuve évidente que ces loix sont injustes & atroces

Vous vous intéressez, Monsieur, au sort des enfans; & ce motif seul peut excuser vos hostilités contre le Divorce. Tranquillisez-vous; la loi n'abandonnera pas ces êtres innocens; nous y reviendrons, mais c'est ici le moment de vous demander ce que deviennent les enfans dans le système de l'indissolubilité, quand des époux sont séparés, ou de fait, ou par la loi.

Vous commencez par supposer un bon ménage. Là, les enfans sont chéris; ils resserrent les nœuds de l'himen; ils sont heureux; ils perdroient tout à la désunion de leurs parens. Mais le Divorce ne brisera pas ces nœuds seuls indissolubles, vous le savez bien. Voyons les mauvais ménages.

Quelle est l'éducation des enfans nés d'un mariage discordant? Témoins d'une guerre éternelle, victimes du désordre, du scandale, de la ruine qui en résultent; négligés du père & de la mère, toujous haïs & maudis par eux comme le fruit & le poids d'un himen détesté, leur plus grand malheur est de demeurer avec ces parens antipatiques. Tremblans, incertains du parti qu'ils ont à prendre entre leur père & leur mère; s'ils se décident pour l'un, ils deviennent plus odieux à l'autre, ils en sont maltraités. Ce n'est que contrainte, que dissimulation, que fausseté; l'habitude s'en contracte, l'exemple a fait son effet. Que porteront ces enfans dans la société? Le vice & la corruption.
Quels

Quels feront leurs mœurs ? celles de leurs parens.

Mais ces parens fe féparent ; quel fera l'effet de ce remède pour les enfans ? Où iront-ils ? A qui refteront-ils ?

Vous voilà, Monfieur, dans l'hypothèfe de la féparation, plus embarraffé que nous dans celle du Divorce ; car outre les fecours qu'il affurera aux enfans, il en préviendra la neceffité. Il fera plus rare que les féparations dans les proportions d'un à cent, & encore dans l'énumération des féparations, vous a-je fait grace des volontaires, plus nombreufes, plus fcandaleufes que les autres, alors la loi ne peut rien pour les enfans.

Toutes ces féparations, foit judiciaires, foit volontaires, ne font-elles pas autant de divorces réels, multipliés à l'infini, & prononcés ou tolérés par la loi ; ce qui prouve que le Divorce eft indifpenfable ; que s'il eft un mal, c'eft un mal néceffaire, qu'il exifte chez nous par le fait ; *mutato nomine*, & je défie aucune loi de l'empêcher. Ce qui prouve encore que l'indiffolubilité eft reconnue pour un mal, puifque la loi lui applique un remède ; mais ce remède eft évidemment nuifible aux enfans. Ils font odieux ou indifférens à ces parens féparés ; ils en font abandonnés ou au moins négligés. Ces époux irréconciliables ne fe réuniront jamais ; ils pourroient vivre en commun dans l'aifance. Séparés, leur dépenfe double ; les frais énormes d'un long procès ont épuifé ou réduit leurs reffources ; elles deviennent infuffifantes à chaque individu ifolé. Des dettes,

B

le scandale & la honte sont ordinairement l'unique héritage de leurs enfans. Le Divorce de fait cause leur ruine, le Divorce légal auroit pourvu à leur subsistance, & à leur établissement. La séparation est adultère ou stérile ; le Divorce légal seroit sans scandale & populateur.

Le Divorce nommé séparation est fréquent & prodigieusement multiplié. Le Divorce légal est rare par-tout, & le seroit aussi chez nous.

Nous avons donc dans la séparation le Divorce de fait avec beaucoup plus d'inconvéniens, plus de scandale (1) plus de dommage pour les enfans, qu'on n'en peut supposer au Divorce absolu ; & un sot préjugé s'oppose à celui-ci, qui feroit cesser le malheur des époux corrigeroit nos mœurs, & doubleroit notre population.

Voilà, Monsieur, les inconvéniens, ou plutôt les malheurs de l'indissolubilité. Voilà l'insuffisance, le danger de la séparation, votre remède unique, toujours fâcheux, refusé à l'innocence opprimée, donné au vice audacieux.

---

(1) Quel scandale, s'écrie le préjugé, ce seroit que de voir une femme passer des bras d'un homme dans ceux d'un autre. Mais ce seroit sans crime par le mariage, cet autre seroit son époux, & on voit publiquement sans scandale & sans étonnement un nombre prodigieux de Mesdames telles, qui vivent avec des Messieurs tels, ils sont de toutes les sociétés : on ne les prie pas l'un sans l'autre, on les place à table l'un près de l'autre. On vante même la constance de ces couples adultères. Voilà comme raisonne le préjugé.

Voyons quels font les inconvéniens du Divorce.

LE DIVORCE.

Il en auroit fans doute par l'abus qu'on en feroit, mais le feu & l'eau, ces principes, ces bienfaits de la nature, font tous les jours la caufe de quelques malheurs particuliers.

Nos mœurs actuelles font déteftables par l'indiffolubilité; il faut les corriger par le Divorce. Les mœurs font la bafe des loix; croyez-vous nos légiflateurs difpofés à nous rendre le Divorce légèrement, vaguement & fans précaution; fera-ce pour contenter les caprices, fatisfaire les goûts paffagers, flatter les paffions, légitimer l'adultère, accroître, s'il étoit poffible, les défordres de la proftitution?

Tels font les argumens captieux du fanatime; il feint de voir d'avance tous les mariages diffouts, (1) toutes les familles divifées, tous les enfans conduits à l'hôpital. Mais fur quoi fonde-t-il ces craintes qu'il affecte? Où prendra-t-il les exemples de ces défordres qu'il impute au Divorce. Eft-ce chez nous pendant douze fiècles qu'il nous a été permis? Mais on vante encore aujourd'hui les mœurs pures &

---

(1) Grand merci, détracteurs du Divorce, vous prouvez pour lui contre notre mariage indiffoluble, en regardant celui-ci avec raifon comme une galere, qui va être défertée, fi les forçats ne font retenus à leurs bancs par de fortes chaînes. Quel argument en notre faveur: S'il eft abfurde quand à cette défertion générale : comme il eft concluant contre l'indiffolubilité.

fimples de nos bons ayeux ; & l'indiſſolubilité
eſt l'époque de la dégradation du mariage dans
les pays catholiques , où il eſt avili en proportion du degré de contrainte & de ſuperſtition
qui y règne ; de ſorte qu'il l'eſt encore moins
chez nous que dans les états méridionaux , flé-
tris par le joug de l'inquiſition.

Mais dans les royaumes du Nord , mais en
Angleterre , en Hollande , en Pruſſe , en Suiſſe ,
dans les trois quarts de l'Allemagne , en Ruſſie ,
à Genève , dans la Pologne , royaume catholique ; enfin , ſur toute la terre , à
l'exception du point imperceptible qu'y occupe
le catholiciſme , les mœurs ſont moins corrompues , & le mariage ſur-tout y eſt ſaint & reſ-
pecté , ſous la ſauve-garde du Divorce , c'eſt-
à-dire , de la liberté.

La contrainte flétrit & avilit l'ame. l'eſclave
ne ſonge qu'à briſer ſes fers , ou à ſe venger
de la ſervitude : l'indiſſolubilité avec les caractères de l'eſclavage en a les effets. A quoi ſer-
viroit au François la liberté politique , s'il gé-
miſſoit ſous le joug religieux dans ſes foyers ?
Et c'eſt dans ſes foyers que l'eſclave cherche
un aſyle conſolateur contre les vexations du
deſpotiſme.

Quel tems choiſit-on pour nous rendre le
Divorce , s'écrie le préjugé ? Celui où la corruption des mœurs eſt portée au dernier degré.

Mais ſi les mœurs ſont ſi corrompues , c'eſt
par la ceſſation du Divorce. Auſſi eſt-il rede-
mandé depuis deux cents ans par les philoſo-
phes ; & plus le mal eſt grand , plus le remède
eſt néceſſaire & inſtant, plus il eſt abſurde de

le rejetter dans le tems où il est le plus nécessaire. Quand trouvera-t-on une autre occasion de remettre en vigueur une loi si sage, il n'est qu'un moment pour le bien.

Le divorce, dit-on, troublera le repos public, il occasionnera des haines, des guerres de familles à familles

Je demande si ces guerres domestiques désolent les pays où le Divorce a lieu. Je demande si nos séparations, cent fois plus fréquentes que ne sera le Divorce, sont des traités de paix, des nœuds d'amitié entre les familles. Je demande si les effets doivent survivre aux causes. Si des époux incompatibles, & leurs familles respectives se haïront davantage, par la raison que la cause de leur haine cessera. Seriez-vous, Monsieur, l'ami de votre gendre, s'il rendoit votre fille malheureuse: la séparation changeroit-elle votre cœur à son égard ? Délivré par le Divorce d'un tyran odieux pour vous, comme pour votre fille, conserveriez-vous pour lui le poids de la haine ? Non, vous en seriez soulagé. Vous n'auriez plus de raisons pour haïr votre gendre, qui auroit cessé de l'être ; le Divorce sera populateur en détruisant les ressources du libertinage des célibataires. Combien d'hommes ne se refusent au mariage, que parce que sa chaîne est indissoluble, & attendent qu'elle cesse de l'être pour se marier.

L A R E L I G I O N.

Le Divorce porte-t-il atteinte à la Religion ?
Non, pas plus que le décret réparateur qui
bleſſe, non, la Religion, comme le crient
nos riches Bénéficiers, mais l'orgueil & l'a-
varice de ce Corps ſuperbe, en réduiſant ſa
ſcandaleuſe opulence, a une ſubſiſtance honnête,
& plus que ſuffiſante, pour un état ſaint, &
qui, par conſéquent, doit être modeſte &
ſimple.

L'annonce du Divorce irrite déjà les Prêtres,
parce qu'il va briſer les fers forgés par eux,
pour retenir l'homme ſous leur dépendance,
dans l'acte le plus important de la vie. Mais
de quel droit l'Egliſe exerce-t-elle un pouvoir
légiſlatif ſur nos perſonnes ? Comment ſon
règne eſt-il de ce monde, ſi celui de J. C.,
d'après ſes paroles, n'en étoit pas ? qu'elle
dirige nos ames, qu'elle éclaire nos conſciences,
& laiſſe au Souverain juge, à récompenſer ou a
punir dans l'éternité. Qu'elle lie & délie pour
le Ciel, mais que la loi ſeule lie & délie ſur
la terre.

Qu'eſt-ce que la Religion ?

Eſt-ce le deſpotiſme inſolent, la domination tyrannique (1), la richeſſe immenſe, le

---

luxe scandaleux des Ministres d'un Dieu, né & mort dans l'humilité & la pauvreté? Non, la Religion est le don le plus précieux que Dieu ait fait à l'homme. C'est le rapport intime de l'être infini à l'être borné, de la toute-puissance à la foiblesse & à l'infirmité; c'est un commerce de bienfait & de reconnoissance, de bénédiction & d'actions de graces. Le petit nombre, la simplicité des préceptes, toute la loi contenue en peu de commandemens clairs, gravés dans tous les cœurs, & proportionnés à cette faiblesse, annoncent les intentions du Créateur. Il a donné à l'homme la raison, pour être la mesure relative de ce rapport borné, qu'il permet entre l'homme & lui. Tout ce qui excéde cette mesure, est folie ou vanité. Vouloir comprendre Dieu, le définir, lui prêter les passions humaines, s'en faire les représentans, s'approprier, en son nom, les biens de la terre, en dépouiller ses autres enfans, disposer de son tonnère, annoncer ses décrets & ses volontés, c'est blesser la raison même, c'est se faire l'égal de Dieu, compliquer ce qu'il a fait simple, embrouiller ce qu'il a fait clair (1), faire servir la Religion à se soumettre l'homme, à le rendre esclave & misérable; c'est aller contre les intentions de Dieu. Cet être infiniment bon, infiniment sage, n'a créé l'homme que pour le rendre heureux; plus il est faible, plus la Religion l'aide & le soutient. La Religion est

---

(1) Quelle puérilité, quelle sottise injurieuse à Dieu, que cette théologie scolastique.

donc la raison perfectionnée , la force & le bonheur de l'homme. Lui ravir ou altérer ce bonheur , c'eſt une injuſtice envers l'homme, un crime envers Dieu. Toute loi humaine , à l'exemple de la Divine, doit tendre à l'ordre, à la paix, & au bonheur de l'homme.

Dieu n'a pu impoſer , à cette faible créature, une loi impoſſible à accomplir. Il ſavoit que ſon imprévoyance pouvoit le tromper dans le choix de ſon épouſe. Il n'a pas voulu qu'une erreur fut punie comme un crime , fut un malheur ſans reſſource; il a accordé le Divorce à ſon peuple chéri , dont il a voulu être lui-même le légiſlateur; il eſt donc de droit divin. Les Juifs le conſervent encore aujourd'hui , il eſt rare chez eux.

Jéſus-Chriſt a permis le Divorce dans le cas de la fornication, terme équivoque , puiſqu'il a ſignifié auſſi les infidélités du peuple Juif pour les dieux étrangers ; terme bien embarraſſant , puiſque l'adultère étoit puni de mort chez les Juifs , & qu'alors il n'y avoit pas lieu au Divorce (1).

Les premiers Chrétiens , preſque contemporains de leur Dieu, plus pénétrés de ſes paroles , plus édifiés de ſes exemples , plus zélés obſervateurs de ſes préceptes , n'ont point douté de la légitimité du Divorce , & l'ont pratiqué.

Conſtantin , ce premier Empereur Chrétien,

---

(1) Jéſus-Chriſt n'a-t-il pas dit que Dieu avoit donné le Divorce aux Juifs à cauſe de la dureté de leurs cœurs : combien d'époux en France ſons plus que Juifs, par la dureté de leurs cœurs.

le plus redevable au chriſtianiſme, ſon plus
zélé ſectateur a mis le Divorce au nombre de
ſes loix.

Juſtinien ce modèle des légiſlateurs Chrétiens l'a réglé avec ſageſſe. Charlemagne mis
au rang des ſaints a Divorcé deux fois. Nous
avons conſervé le Divorce pendant douze ſiècles;
il a été ſans danger; il n'a été abrogé en
France par aucune loi; il y étoit rare, &
n'y eſt devenu commun ſous le nom de ſépara-
tion, que depuis qu'il a été proſcrit par les
Prêtres.

Nous avons vu que le Divorce étoit permis
par J. C. dans un cas; mais après la queſtion
des Pharisiens ſur ſa légitimité, s'ils avoient
fait au fils de Dieu cette autre queſtion : « Un
» mariage contracté entre deux êtres antipa-
» tiques, entre un vieillard & une jeune
» fille contrainte ou ſéduite, malgré ſa répu-
» gnance & le déſavœu de ſon cœur; ce
» mariage eſt-il un Sacrement? eſt-il indiſ-
» ſoluble? Qu'eût répondu le Sauveur, ce
» Dieu de toute juſtice, de toute bonté, qui
» répondit aux Pharisiens qui lui préſentoient
» une femme ſurpriſe en adultère : que le plus
» juſte d'entre vous lui jette la première
» pierre; qui pardonna à cette femme cou-
» pable, & lui dit : allez, ne péchez plus, qui
» ne lui dit pas, retournez à votre mari, vous
» êtes liée d'un nœud indiſſoluble ». Qu'eût
répondu ce dieu de clémence & de paix, je
vous le demande, Monſieur?

Quelle Religion nous a donc interdit le
Divorce?

C'eſt celle des Papes (1).

Mais ſelon la juſtice, la raiſon, ſelon la piété même, cette Religion eſt-elle plus ſainte que celle de Dieu? que celle de Jéſus-Chriſt? Doit-elle les abroger?

On connoît l'ambitieuſe politique de la cour de Rome, les perſécutions, les guerres, les maſſacres, les excommunications ne lui ont rien coûté (2). On ſait comme dans dés ſiècles de barbarie, elle a fomenté l'ignorance & la ſuperſtition; quel parti elle en a tiré? Combien de fraudes atroces, nommées pieuſes, ont accru ſes domaines? Comment inſenſiblement les peuples ſont devenus ſes eſclaves & ſes tributaires. Comment les Rois eux-mêmes ont redouté cette domination. Comment, les clefs de Saint-Pierre n'ont encore ouvert que nos coffres-forts pour les Papes, & l'enfer pour nous. On ſait que l'abus de ce pouvoir uſurpé, que la vente des indulgences, des diſpenſes, la vente du Ciel même, ont occaſionné la ſciſſion de l'Egliſe. Sans Luther & ſa ſecte, l'Europe entière ſeroit peut-être aujourd'hui le patrimoine des ſucceſſeurs de Saint-Pierre, qui a vécu, & eſt mort dans la pauvreté.

---

(1) Nicolas premier, par haine pour Lothaire, abuſant de ſa triſte ſituation, & ligué avec ſes ennemis, lança l'excommunication ſur le divorce de ce Prince malheureux. Mais quel droit en avoit ce Pape ambitieux. Adrien ſecond, ſucceſſeur de Nicolas premier, leve cette excommunication.

(2) Quels deſpotes, quels monſtres que les Nicolas premier, les Grégoire Sept, les Grégoire Neuf, les Alexandre Six, les Léon Dix, les Clément Huit, les Jule Deux, les Sixte V; les Grégoire Quatorze, & tant d'autres.

Le Divorce ne rapportoit rien à la tréforerie romaine; il a été frappé des foudres du vatican, & les prohibitions de mariage entre parens, fe font étendues jufqu'au quatrième degré. Les difpenfes, les nullités de mariage ont été ex‑pédiées pour de groffes fommes. L'incefte même a été mis à l'encan, & le même homme, de nos jours encore, a époufé les deux fœurs, qui toutes deux l'ont fait père de fes neveux.

L'induftrie mercantile a fait plus, elle a ima‑giné un incefte fpirituel. Un parain ne peut con‑tracter avec fa fillieule qu'un hymen inceftueux, & fon argent l'abfout de cet incefte artificiel.

Les Pères de l'Eglife, dans leurs doctes con‑troverfes fur le Divorce, font entr'eux équi‑libre d'autorité. Saint-Auguftin avoue fon em‑barras fur la folution de cette queftion; mais ces Pères étoient de Saints Anachoretes. Le célibat étoit pour eux l'état de perfection : la population n'entroit pour rien dans leurs fpé‑culations myftiques, mais plus relatives au Ciel qu'à la terre. Etoient-ils infaillibles ? Les Con‑ciles, malgré l'influence des Papes qui les préfidoient, font, en plus grand nombre, fa‑vorables que contraires au Divorce.

Le fameux Concile de Trente, plus occupé des chofes de la terre que de celles du Ciel, le plus agité par les factions de la politique (1), dans une phrafe entortillée, a prefcrit l'in‑diffolubilité. Mais ce Concile n'a pas été reçu

______

(1) Le fameux Cardinal de Lorraine, ce factieux ligueur, a eu la plus grande influence dans ce Concile, & a arraché la décifion contre le Divorce : cependant dans le même tems notre Henri IV a divorcé.

en France ; les uns difent qu'il a été rejeté,
quant à la difcipline, mais adopté quant au
dogme; d'autres foutiennent & prouvent qu'il
eft également méconnu quant à la difcipline &
quant au dogme. On accepte on ou rejete
purement & fimplement un Concile, on ne
divife pas fes décifion. Celui de Trente eft
rejeté purement & fimplement, & il eft défendu
de le citer dans nos tribunaux. J'éléverois
d'autres queftions s'il en étoit befoin. Je de-
manderois, 1°. fi l'indiffolubilité eft un dogme,
ou un point de difcipline; 2°. fi un Concile
peut créer de nouveaux dogmes. 3°. Je demande avec M. Cérutti, fi les Miniftres de la
Religion compofent feuls l'Eglife. Pourquoi
l'élite des fidèles, choifis par le peuple, n'a-t-il
pas été appelée ux Conciles avec ces Miniftres;
qui, fans contradiction, ont créé des dogmes
profitables pour eux, & ruineux pour le peuple?
Pourquoi ces Miniftres même, n'ont-ils pas
été délégués par le refte dès fidèles pour les
repréfenter? Je demande avec M. Cérutti, fi
les Miniftres des autels compofent l'Eglife
entière, plus que les Miniftres de l'Etat ne
compofent l'Etat Il ajoute, chaque Concile femble un démenti folemnel donné à Jéfus-
Chrift, & il le prouve en détail. Ces queftions
oifeufes ne peuvent arrêter nos légiflateurs:
ils feront plus d'attention à celle-ci. Pourquoi
le Concile de Trente nous a-t-il ôté le Divorce;
& pourquoi l'a-t-il confervé aux Polonnois,
catholiques comme nous?

C'eft que les Polonois, plus fages que nous,
ont mieux foutenu leurs droits. Ils vouloient de

bonnes loix matrimoniales , por avoir de bonne
mœurs , le Divorce en étoit le moyen : ils l'ont
confervé. Le Concile , par un refus impoliti-
tique , craignoit de faire perdre la Pologne au
defpotifme catholique , dont les foudres lancées
fur le Divorce de Henri VIII, venoient récem-
ment de brifer le joug de l'Angleterre & de
féparer pour jamais ce royaume de la com-
munion romaine (1).

En vain objecte-t-on que le Divorce n'eft
permis en Pologne qu'aux Juifs, aux Grecs
fchifmatiques , & aux Luthériens ; il eft de même
permis aux catholiques , fous le nom de nullité.
Les caufes de ces nullités font en grand nombre
les époux reclament contre leurs vœux, ils en
font rélevés par les Evêques eux-mêmes, &
remariés de nouveau. Leurs enfans nés
de ec mariage réfilié , font légitimes , ce
qui caractérife le Divorce ; car les enfans
nés d'un mariage nul font bâtards, ce qui eft
nul ne produifant aucun effet, & ce Divorce
eft rare en Pologne quoique facile, parce que
la liberté de divorcer fait par-tout qu'on ne
divorce pas, & que des chaînes font faites pour
être brifées.

Il réfulte de l'examen le plus impartial, que
le Divorce eft d'inftitution divine , puifqu'il a
été donné aux Juifs par Dieu , leur légiflateur.

---

(1) Au Concile de Trente , la queftion du mariage des Prêtres fut
agitée : les vieux Peres du Concile y confentoient , les jeunes s'y font
oppofés , c'eft que le canon de l'indiffolubilité les dégoutoit de l'himen , ils fe font garantis par le célibat du poids des chaînes dont ils
chargeoient les autres.

Qu'il eſt permis par J. C. dans un cas, qu'il eſt adopté par la Religion chrétienne en général ; qu'il a été permis par la Religion catholique pendant douze ſiècles ; qu'il n'a été proſcrit que par les Papes, de leur autorité privée, & pour leur intérêt ; que cette proſcription n'a été enregiſtrée dans aucun de nos tribunaux ; qu'aucune loi ne nous a ôté le Divorce ; que le Concile de Trente eſt rejeté en France ; qu'il eſt contradictoire avec lui-même, en nous défendant le Divorce, & le permettant aux Polonnois ſous un nom déguiſé. En effet, comment peut-il ſauver là, & damner ici ? Les principes de l'Egliſe catholique, c'eſt-à-dire univerſelle, doivent être univerſels comme elle. Il eſt évident que les Miniſtres de l'Egliſe ne compoſent pas ſeuls l'Egliſe, que les Conciles ne ſont pas infaillibles, puiſqu'ils ſe contrediſent les uns les autres. Donc le Divorce n'eſt pas attentatoire à la religion (1). Quoi qu'il en ſoit, le Divorce ayant été permis par Dieu, ne peut-être un péché mortel ſelon Dieu. S'il l'eſt ſelon l'Egliſe, ſi elle eſt infaillible ; c'eſt

---

(1) Déjà un décret ſage a rendu le Divorce aux Luthériens de la Confeſſion d'Auxbourg & aux Proteſtans, pourquoi le refuſeroit-on au reſte des François : Seroit-ce pour leur faire déſerter une religion ſi contraignante, & les forcer à en embraſer une plus faite pour le bonheur de l'homme, & plus convenable au régime de la liberté. C'eſt ce qui ne manqueroit pas d'arrives eû peû d'année par l'indiſſolubilité, le François étant libre dans ſa croyance. Le Divorce peut donc ſervir à la conſervation de la religion catholique au lieu d'y nuire. Je ne terminerai pas cet article ſans demander ce que veut dire cette phraſe de Saint Paul, ép. ad corint. cap. 8 . v. 5.

Quod ſi infidelis diſcedit, diſcedat. non énim ſervituti ſubjectus eſt frater aut foror in hujus modi : in pace autem vocavit nos Deus.

alors une affaire entre Dieu & l'homme. Le Prêtre a prêché, il a averti la conscience, son ministère est rempli & terminé. Sa puissance ne peut nous enchaîner dans l'enfer de ce monde ci, c'est bien assez qu'il nous dévoue à l'enfer éternel.

L'ivrognerie, la gourmandise, le luxe, la Comédie, le bal, tout cela, est défendu par les Prêtres, tout cela est aussi péché mortel que le Divorce. Les personnages pieux fuyent ces lieux de damnation, & font très-bien, ceux qui les fréquentent font très-mal, mais ce seroit plus mal faire encore, ce seroit attenter aux droits du citoyen, & à la liberté, que de fermer les tavernes, les boutiques de luxe, les vauxhals & les spectacles, comme le feroient les Prêtres s'ils le pouvoient. La loi doit donc briser les fers de l'indissolubilité pour ce monde ci, puisqu'elle doit veiller sur ce monde ci, comme l'Eglise sur l'autre. Ces deux pouvoirs subsisteront en paix & en concorde, quand chacun d'eux se tiendra borné dans ses limites. Leur confusion a désolé & abreuvé de sang la terre par les massacres les plus abominables. Prévenons ces horreurs pour l'avenir.

LES ENFANS.

Que deviendront les enfans dans le cas du Divorce? J'ai dit, Monsieur, & il est prouvé, par une longue & triste expérience, qu'ils ne peuvent être plus malheureux, ni devenir plus vicieux qu'avec des parens incompatibles. La séparation les laisse dans l'abandon que vous regardez comme l'effet du Divorce, & cette séparation les expose à la misère, parce que des époux séparés recourent à des affections étrangères, se livrent au libertinage, & que le libertinage est ruineux. Une maîtresse coûte plus que deux femmes, & quoi qu'on en dise, l'auteur de l'excellent livre du Divorce a raison de prétendre qu'une belle-mère vaut mieux qu'une mauvaise mère.

Dans le cas du Divorce, les griefs qui y donneront lieu, seront ceux du mari ou ceux de la femme. La mère sera donc bonne ou mauvaise? Si elle est bonne, laissez lui les enfans en bas âge, ils recevront d'elle les soins tendres & assidus dont la Nature lui impose l'obligation. Le mari, moins propre à cette première éducation, y contribuera pécuniairement.

Si la femme est mauvaise mère, ses enfans feront encore plus mal avec elle, dans les dissentions, & les fers de l'indissolubilité, que dans la liberté du Divorce. Dans tous les cas, cette mère est indigne de la confiance de la loi; si elle est séparée, à qui les enfans feront-ils réunis?

Le Divorce n'altérera pas plus la tendresse des pères, que ne fait le mariage des veufs, un bon père aime également tous ses enfans; un mauvais père n'en aime aucun.

Une famille nombreuse est le fruit d'un amour constant, cet amour se change en amitié, & sur-tout en habitude, vous ne verrez pas divorcer des père & mère de beaucoup d'enfans, eussent-ils des raisons pour rompre ensemble

ensemble la considération d'une nombreuse famille les retiendra. L'incompatibilité de ces
époux n'aura pas même de vraisemblance aux
yeux de la loi. Après douze à quinze ans de
cohabitation, après la procréation de six ou
sept enfans, il faudroit des raisons bien fortes
pour rendre le Divorce nécessaire entre ces
époux ; leur mariage subséquent seroit difficile :
& qui voudroit se charger avec eux d'une nombreuse famille ?

Vous conviendrez, Monsieur, que les soins
de l'onfance ont un terme, & que passé l'âge
de la faiblesse, l'éducation domestique est ou
mauvaise ou négligée; la tendresse des parens gâte
les enfans, & en fait de mauvais sujets. Ils
doivent être confiés à six ou sept ans, à l'éducation publique, comme ils l'ont été de tout
tems, & cette éducation publique va devenir
l'objet d'une loi sage qui la perfectionnera.
Là, les enfans seront toujours chers à de bons
parens; ils seront mieux que chez de mauvais
parens; ils sentiront mieux, dans tous les cas,
le besoin d'exister par eux-mêmes, & s'appli-
queront d'avantage à l'étude. Les frais de cette
éducation seront supportés par le père & la
mère divorcés. Ainsi, la loi ne prononcera
pas le Divorce, sans assurer aux enfans leur
subsistance jusqu'à l'âge où ils en doivent trouver les moyens en eux-mêmes.

Mais s'il n'y a point du tout d'enfans, si une
union descordante, comme il arrive presque
toujours, a été stérile, & ne peut cesser de
l'être par une antipatie soutenue & invincible;
si ces époux reconnoissent eux-mêmes l'in-

possibilité de vivre ensemble, s'ils sont séparés par la loi ou volontairement ; si les épouses mariées trop jeunes, séduites, ou contraintes, réclament contre leur vœu involontaire, déclarerez-vous irréfragable ce vœu forcé, indissoluble, ce nœud inutile à la Société ? La priverez-vous de deux générations qui naîtront de ces deux époux mieux assortis ?

LES SUCCESSIONS.

Comment seront-elles réglées ?

Comme elles le font chez tous les Peuples ou le Divorce a lieu. Là, tous les enfans de différens lits héritent par égale portion de leur père & de leur mère, sans distinguer les différens mariages. Là, par une loi juste, un père ne peut avantager un de ses enfans au préjudice des autres. Là, aucun enfant ne peut-être deshérité que sur des motifs connus & jugés la loi.

Pourquoi un ou deux enfans nés avant les troubles & les haines de leurs parens, seroient-ils un empêchement au Divorce ? Seroit-ce pour leur assurer un héritage plus considérable ? Mais ces époux, sans leurs dissentions, auroient donné le jour à cinq ou six autres êtres. Est-il avantageux pour la Société, que des enfans ayent un riche patrimoine pour le dissiper & rester oisifs ? Ne vaut-il pas mieux leur rendre nécessaires les ressources de l'industrie & du travail ? L'Etat ne gagne-t-il pas à une population plus multipliée, & par la plus laborieuse ? Le partage fractionné des richesses peut-il être un mal ?

Sans aller chercher ailleurs des exemples, nos mariages des vœufs doivent nous en servir. Ne voit-on pas fréquemment des enfans de trois & quatre lits ? Ne voit-on pas fréquemment l'héritier unique d'une riche succession la dissiper en peu d'années , & tomber dans l'indigence & le mépris, tandis qu'une nombreuse famille, sans moyens, prospère & s'enrichit par le travail & l'industrie ?

CAUSES DU DIVORCE.

La loi réglera le nombre & la validité des causes du Divorce, & vraisemblablement il ne se répétera pas à l'infini. Au nombre de ces causes seront nécessairement ,

1º. L'adultère par lequel l'un des conjoints souille le mariage, & rompt le pact le plus saint.

2º. La folie incurable.

3º. La mort civile prononcée en justice contre l'un des époux, l'autre ne devant pas en partager la peine & la honte.

4º. Un mal contagieux & sans remède comme l'épileptie.

5º. Le consentement libre & mutuel des deux époux qui n'ont point d'enfans.

6º. La volonté constante de l'une des parties qui suppose des fautes très-graves dont la ré_vélation nuiroit à l'autre.

7º. L'incompatibilité prouvée par une suite non interrompue de dissentions , & par une séparation judiciaire ou volontaire. Un mur d'airain s'est élevé entre ces époux irrécon

ciliables ; ils reconnoiſſent eux-mêmes l'im-
poſſibilité de vivre enſemble. Pourquoi font-
ils ſéparés ſans être déſunis ? Pourquoi d'un
mauvais mariage n'en pas faire deux bons, &
priver la Société de deux générations ? Que
gagne-t-elle à un hymen diſcordant & ſtérile ?

Tout en combattant le Divorce, Monſieur,
vous convenez qu'on ne peut le refuſer dans
le cas d'adultère & de la folie. Voilà donc deux
cauſes reconnues par vous-même, comme
péremptoires du mariage. Donc le Divorce
eſt néceſſaire dans deux cas.

Mais pourquoi rejettez-vous l'incompatibilité
la plus exigeante de toutes les cauſes ? Le mal
le plus irrémédiable ! vous craignez que des
dégoûts paſſagers, que des affections étrangères,
que des raiſons d'intérêt ne ſe cachent ſous
l'apparence de l'incompatibilité, ou ne la
faſſent naître. La loi vous raſſurera ſur ces
craintes délicates ; elle trouvera le moyen de
conſtater cette incompatibilité, & de la diſtin-
guer des caprices & des vues d'intérêt. Les
tribunaux de famille ſeront infaillibles dans ce
cas.

Je vous ſuppoſe Juge, Monſieur.

Un époux ou une épouſe, ou tous les deux
viennent devant vous. L'un ou l'autre, ou tous
les deux réclament contre un vœu indiſcret
d'une part, forcé de l'autre ; l'un ou l'autre,
ou tous les deux, ſe ſont refuſés à remplir le
devoir du mariage. Dès les premiers jours de
cet hymen évidemment mal aſſorti, la répu-
gnance s'eſt manifeſtée, des plaintes ont éclaté,
le tems n'a fait que les multiplier, des ſépara-
tions reconnues néceſſaires ont été convenues

& opérées sans éclat par les deux familles assem-
blées ; cette union discordante a été stérile.

Vous examinez les plaintes réciproques ; vous
voyez ces deux époux. Une disparate choquante
vous frappe, vous croyez voir ou le père & le
fille, ou la mère & le fils. Cette disproportion
d'âge entraîne la différence des caractères, des
goûts, des humeurs, la nature a uni entre ces
époux une discordance qui nécessite l'antipa-
thie. Cette union est une erreur ou un crime de
parens avares ou insensés. Vous méprendrez vous
à ces signes d'inconvenance, à ces preuves
d'incompatibilité ? Vaincrez-vous la nature ?
Votre autorité rendra-t-elle ces époux compati-
bles ? Les condamnerez-vous à un tourment
éternel ? Les forcerez-vous à recourir au
crime pour rompre un nœud qui fait leur sup-
plice ? Tous nos juges gémissent de ne pouvoir adoucir les rigueurs de notre jurisprudence
absurde & barbare, & de renvoyer une femme,
malheureuse à qui les témoins manquent, à un
mari cruel & irrité, pour être la victime de son
ressentiment.

Tous ces juges s'élèvent contre la séparation
& la regardent comme un vice de nôtre jurisprudence qu'il faut faire disparoître.

Un homme dégoûté de sa femme, la ren-
verra, dit-on, quand elle aura perdu sa fraîcheur
& sa beauté.

Le Divorce ne sera pas facile à ce point :
soyez-en sûr. Il faudra, 1º. des raisons graves :
2º. rendre à cette femme sa dot, lui donner
sa part des fruits de la communauté : 3º. la
faire jouir de son douaire, le plaisir du chan-
gement coûteroit un peu trop cher.

Vous reconnoiſſez , Monſieur , l'adultère pour une cauſe dirimante de l'union conjugale. Tout le monde penſe comme vous ; mais en n'admettant que cette cauſe , la garantirez-vous exempte des inconvéniens que vous ſuppoſez à l'incompatibilité ?

Vous ne croyez pas que l'adultère, ſi fréquent, ſi audacieux dans ce ſiècle corrompu, le deviendra moins quand il ſera une cauſe de déſunion. Il répugne ſi peu aux époux d'à préſent, qu'on doit croire qu'il leur répugnera encore moins quand il ſera le moyen d'une rupture deſirée par l'un ou l'autre, ou par tous les deux.

Quoi, l'incompatibilité, qui eſt un malheur de circonſtances, une faute de parens & non un crime , ſera contrainte à jouer aux yeux de la loi le perſonnage du crime. Un ſcandale affreux ſe multipliera ; des raiſons légitimes ſeront changées en prétextes criminels. Il ſeroit plus moral , je crois , de mettre l'adultère ſur le compte de l'incompatibilité , dont la preuve feroit plus difficile à établir , que de mettre l'incompatibilité ſur le compte de l'adultère ſi facile à commettre & à prouver.

J'eſſaye , Monſieur , de répondre à une autre objection.

Des deux époux , dites-vous , l'un eſt bon , & l'autre méchant ; le Divorce , en déſuniſſant ces époux , ne corrigera pas le méchant. Celui-ci tourmentera une autre victime en prenant de nouveaux nœuds. Non, vous répondrai-je , il ſera connu pour méchant, il reſtera iſolé , & l'époux innocent jouira avec un nouveau cenjoint du bonheur auquel il a droit de prétendre. Ainſi une injuſtice ceſſera & un mauvais ménage ſera remplacé par un bon.

Mais, Monſieur, des époux ſont incompatibles ſans être méchans. Une fille de quinze ans, un homme de cinquante, tous deux bons & honnétes, font un mauvais ménage, vous en ferez deux bons, en déſuniſſant ces époux pour les mieux aſſortir.

CONCLUSION.

Par le Divorce, les bons mariages n'en deviendront que meilleurs. Ils n'ont pas beſoin des entraves de l'indiſſolubilité, & la liberté en accroîtra les douceurs.

Quant aux mauvais mariages, beaucoup ſeront corrigés par le Divorce. Le deſpotiſme marital ſera réprimé ou mitigé. Des égards réciproques deviendront néceſſaires. Le beſoin mutuel, la crainte du blâme, l'embarras & les frais des procédures, la reſtitution de la dot, l'inſuffiſance des griefs, l'incertitude du ſuccès, le tems donné aux réflexions & aux réconciliations, & la tendreſſe pour les enfans, enfin la liberté qui contient mieux l'homme que l'eſclavage, tant de conſidérations retiendront beaucoup d'époux mécontens. Ils ſe rendront ſupportables l'un à l'autre, & finiront peut-être par s'aimer. Les déſordres de la femme ſeront plus réprimés par la crainte de la répudiation, qu'ils ne peuvent l'être par la crainte des peines prononcées contre l'adultère, par la loi préſente, toujours éludée comme le ſont les loix trop févères, qui n'admettent point une jufte proportion entre le délit & la peine.

Enfin, Monfieur, point de liberté fans mœurs, point de mœurs fans de bonnes loix matrimoniales, & point de bonnes loix matrimoniales fans le Divorce.

Il eft de tout tems, de tout les pays; par-tout il eft rare, par-tout il conferve au mariage fa dignité, & aux mœurs leur pureté. Par-tout il procure une population plus abondante; & chez nous elle n'eft pas en proportion de notre territoire & de nos befoins.

Le divorce eft, felon la nature, la juftice & la raifon. Il ne bleffe pas la religion, tandis que l'indiffolubilité, trop fouvent la profanation d'un facrement, bleffe autant la religion que la morale; *elles* tendent à une diffolution totale dans l'état actuel des chofes. Je défie que la corruption puiffe s'accroître, que le libertinage devienne plus effrené; que l'adultère foit plus fréquent, plus audacieux (1), & la proftitution plus dégoûtante; qu'on ne les voit aujourd'hui fous l'empire du facrement indiffoluble.

Comment efpérez-vous changer cet ordre déteftable de chofes en le laiffant fubfifter?

Le Divorce ne peut-être fatal qu'aux maris libertins, prodigues, avares, féroces, qu'aux femmes diffolues, qu'aux célibataires, qu'aux courtifannes; c'eft à l'indiffolubilité qu'on doit

---

(1) Et c'eft l'indiffolubilité qui nous force à l'adultere; la néceffité ne juftifie pas, mais elle excufe le coupable.

imputer les défordres de ces fléaux de l'humanité.

Le maintien de cette indiffolubilité feroit une groffière inconféquence de nos légiflateurs ; un obftacle à la réforme des mœurs ; une contradiction manifefte avec le premier de leurs principes, la bafe de leur Conftitution, la liberté de l'homme, inaliénable & inceffible ; s'ils font forcés à appéfantir fur nous l'impôt, qu'ils allégent au moins nos chaînes.

Enfin l'indiffolubilité figureroit au milieu des loix d'un peuple libre, comme le donjon de Vincenne au centre d'une place magnifiquement bâtie & confacrée à la liberté.

J'ai l'honneur d'être, &c.

www.ingramcontent.com/pod-product-compliance
Lightning Source LLC
LaVergne TN
LVHW012103030726
842523LV00002B/685